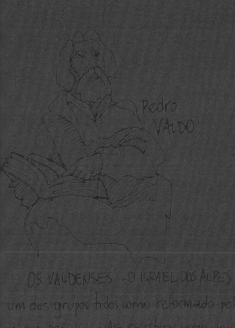

Pedro VALDO

O Anglicanismo, movimento religioso inglês, surgiu em torno de interesses da monarquia Tudor, liderada por Henrique VIII, que enfrentava a oposição do papa Clemente VII ao seu novo casamento. Somente sob o reinado de Elizabeth I é que aproximaram-se dos ideais da Reforma.

OS VALDENSES - O ISRAEL DOS ALPES

Um dos grupos tidos como reformado pela fé que possui: - As escrituras como única autoridade final e definitiva de fé e prática, a justificação pela fé e a salvação não por obras, mas por Cristo. São os Valdenses, grupo inspirado ou formado por Pedro Valdo. Sofreram todo tipo de perseguição (500 deles foram queimados em Estrasburgo, França, em 1212) nas mãos da inquisição. Apesar disto, e de serem anteriores à Reforma de 1517, sobreviveram e floresceram na Itália.

Antes de Calvino não existia uma normatização legislativa organizada para todos em Genebra, na cidade onde foi líder. Com ele, o governo foi conciliar com a participação do povo.

RUBINHO PIROLA

QUANDO o céu toca o CHÃO

1ª Edição

Geográfica editora

Santo André

2017

Supervisão Editorial
Maria Fernanda Vigon

Revisão
Nataniel dos Santos Gomes
Loen Schoffen Konrad Cavalcante

Ilustrações
Rubinho Pirola

Capa e diagramação
Victor Campos

Citações bíblicas da Nova Versão Internacional - NVI©

1ª edição - Geográfica Editora - 2017

© **Geográfica Editora**

Todos os direitos desta obra pertencem a: Geográfica Editora © 2017
www.geografica.com.br
Quaisquer comentários ou dúvidas sobre este produto, escreva para:
produtos@geografica.com.br

Todas as ilustrações são do autor, Rubinho Pirola, exceto as das páginas 34 e 35:

a) Xilogravura ("Sauritt des Papsts") de Lucas Cranach the Elder, usado por Christian Rödinger, o Elder of Magdeburg, no contexto da intenção de Lutero de "desacreditar os planos papais para um Concílio Geral da Igreja".

b) "Hic Oscula Pedibus Papae Figuntur", ou "Beijando os pés do papa", (1545).
Os camponeses alemães respondem ao papa Paulo III. De uma série de xilogravuras de Lucas Cranach, encomendada por Martinho Lutero.

c) Xilogravura de Lucas Cranach, impressa em 1545 num folheto com texto de Lutero, em Munique, Biblioteca Estadual da Baviera.

P671q	Pirola, Rubinho
	Quando o céu toca o chão / Rubinho Pirola. – Santo André: Geográfica, 2017.
	64p. ; il. ; 17x24cm. ISBN 978-85-8064-212-4
	1. Religião. 2. Cristianismo. 3. Reforma protestante. I. Título.
	CDU 284.1

Catalogação na publicação: Leandro Augusto dos Santos Lima – CRB 10/1273

Este produto possui 64 páginas impressas em papel offset 120g
e em formato 17x24cm (essa medida pode variar em até 0,5cm)

código 80413 - CNPJ 44.197.044/0001 - S.A.C. 0800-773-6511

Para Ricardo Kaká,
Que, além de grande amigo,
e apesar de mais novo, sempre foi
o meu mais leal guarda-costas!

SOBRE O LIVRO

Sou um cartunista, e não um historiador, mas também um apaixonado, desde cedo, pelo movimento, tema deste trabalho. Talvez pela minha paixão pela arte não comportada ou domesticável do cartum – sempre sensível às revoluções ou sonhos de valorização da vida ou da promoção de valores, como a liberdade, a justiça, a equidade e o consequente questionamento das relações de poder entre os homens – que me afeiçoei ao movimento de 500 anos atrás.

Apaixonei-me pelos que não se deixaram moldar pelo *status quo* perverso e pela cultura que os envolvia e permitiram-se à revolução, ao agitar das águas, ao "fogo no circo", mesmo que isso conduzisse, como se cria, à danação eterna ou ao terror imposto, na época, pelo poder dos que tinham, para além das chaves do céu, a espada e as fogueiras.

Mas também, como poderá ver, este é um trabalho sobre um livro. O livro. Aquele que mudou e continua mudando a história da humanidade e que é maior que qualquer caixa em que nós, ou alguma denominação religiosa, queiramos limitá-lo. Desde muito cedo, aprendi a lê-lo e a exercitar-me em me deixar ser por ele lido.

Espero que este pequeno trabalho faça jus a esse movimento precioso que produziu as mudanças que tanto, ainda hoje, valorizamos na sociedade. Que tomemos cuidado para que não coloquemos aqueles que o fizeram acontecer nos pedestais que tanto costumamos criar, fabricando ídolos – aqueles sem mácula, sem defeito algum acima das críticas, quase deuses. E que nos aventuremos a beber da sua fonte: as Escrituras Sagradas, em última análise, a maior das fontes, capaz de transformar a história. A começar pela nossa, interior, mais profunda, e que, creio, por trazer consigo o poder do seu Autor, não está suscetível às nossas paixões egoístas, às nossas conveniências, acomodações ou aos conformismos com nós mesmos!

Rubinho Pirola
SP, 2017

"Enganoso é o coração, mais do que todas as coisas, e perverso; quem o conhecerá?"
Jr 17.9

"O coração do homem é uma fábrica de ídolos – fujamos de nós mesmos!"
João Calvino

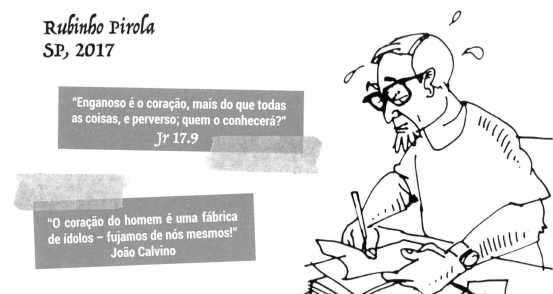

PREFÁCIO

QUANDO O CÉU TOCA O CHÃO! Que oportunidade única e gratificante para mim recomendar este significativo livro de um amigo, amigo artista, amigo por décadas e irmão de fé. Rubinho Pirola nos oferece, com seu pensamento arguto e criativo, um texto que acrescenta muito aos leitores, trazendo luz para aprendermos e considerarmos um rico movimento histórico, que deu início à Igreja Protestante pela ação do Deus trinitário, reconhecido e proclamado em seus alicerces e convicções.

Um texto convidativo, saboroso, provocante, profundo e pertinente sobre a Reforma Protestante e também sobre os reformadores. Tudo regado a *insights* oportunos do escritor, com dosagem adequada de seriedade, de leveza e de humor, para revermos este movimento histórico relevante, que trouxe tantas reverberações profundas e amplas na área da fé cristã, da teologia, da academia, da educação, da sociedade, da política e da arte, desde o seu início até hoje, neste tempo de muitas mudanças radicais no mundo.

Um texto que envolve bastante o leitor, pois Rubinho Pirola, de forma equilibrada e sem a pretensão de lidar com tudo que abrange o assunto, convida-nos a considerar a contribuição inesgotável e inquestionável da Reforma. O ambiente onde ela acontece vem mostrar que a espiritualidade no século XV era construída através de pessoas comuns, como ele mesmo realçou no texto, sem cometer o erro de transformar esse movimento, ou sua confissão, em objeto equivocado de veneração e adoração, como acontece hoje em alguns segmentos da instituição eclesiástica protestante, em muitos lugares de nossa nação e fora dela.

Isso porque muitos cultuam equivocadamente a confissão reformada, e não o Deus trinitário da Reforma, Único, que deve ser cultuado e adorado de fato. Rubinho traz isso de forma madura e perspicaz em seus excelentes cartuns e ilustrações, até porque nunca foi fácil para o movimento protestante fazer sua autoavaliação na caminhada histórica, de forma coerente e humilde. Não é fácil aprendermos com erros cometidos, pois precisamos sempre de graça e maturidade. Podemos aprender muito com a vida dos reformadores, no que acertaram e no que erraram.

A Igreja não pode viver olhando o seu próprio umbigo e se autoidolatrando, aprisionada em si mesma e em sua estrutura eclesiástica, que cresceu em fama e em poder político e que durante alguns períodos, deixou de considerar a relevância e importância das Escrituras Sagradas, seu conteúdo radical e transformador. É urgente estarmos conectados a uma vida de integridade e de serviço, com a obra histórica da Cruz e com o ensino do Cristo da Cruz, que é Salvador e Senhor.

Os valores e crenças da Reforma Protestante podem ajudar uma sociedade ainda perversa e corrupta, uma sociedade que precisa ser transformada constantemente, a partir de cada indivíduo, família e de tantas realidades comunitárias. Nossa sociedade está desfigurada e com novas formatações, emoldurada e nutrida, lamentavelmente, com tanta violência, sinais de morte e com desafios éticos, morais, culturais, políticos, sociais e religiosos. Temos que responder a tudo isso.

Rubinho, em seu texto regado de humor saudável, focou também o papel importante da imprensa para conhecermos a Verdade. Destacou a realidade do Criador do universo que se revela na história e quis se relacionar com suas criaturas. Lembrou-nos de que, deste relacionamento pessoal sem intermediários eclesiásticos, podemos viver dignamente para conhecer e amar a Deus, ao próximo, promovendo a vida, a justiça e a paz. Indignação e santo protesto, contra tudo que ofende o caráter de Deus, devem ser caminho a percorrermos em amor.

Ter como referência o ensino e a vida de Jesus, Deus divino-humano, que veio para servir e dar sua vida em resgate de muitos, é fundamental. Somos gratos a Deus pela Reforma. Por ela ter resgatado e mostrado a Graça de Deus, revelada em Cristo, que não pode ser vendida e negociada. A Reforma mostrou quão importante é o sacerdócio de todos os santos. Somos cada um, e como comunidade da fé, agentes de transformação e de esperança em todas as nações. Que seja assim. Grato, Rubinho, por nos lembrar de tudo isso e mais.

Nelson Bomilcar, músico, compositor, escritor e teólogo.

ÍNDICE

Parte 01
09 O ETERNO INTERVÉM

Parte 02
O ESTOPIM ACESO 13

Parte 03
23 A REVOLUÇÃO

Parte 04
A QUESTÃO DAS INDULGÊNCIAS 29

Parte 05
33 COMUNICAÇÃO VIRAL

Parte 06
AS TESES DE LUTERO 37

Parte 07
41 OS REFORMADORES

Parte 08
51 HERANÇAS DEIXADAS PELA REFORMA

Parte 09
A REFORMA PROTESTANTE HOJE 61

Parte 01

O ETERNO INTERVÉM
Quando o céu parece descer à terra

De tempos em tempos, parece que Deus desce à terra para renovar, entre a sua criação, a esperança e aprumar-lhe os caminhos.

Apesar de atribuírem à religião discórdias, lutas, preconceitos, disputas cruéis, intolerância e até guerras que gerou ao longo da história — afirmações, em parte, pontuais e corretas —, foi justamente graças a ela que os homens, imbuídos de uma consciência por ela moldada e refinada por seus princípios, respeitaram-se e a paz foi e tem sido pregada e mantida.

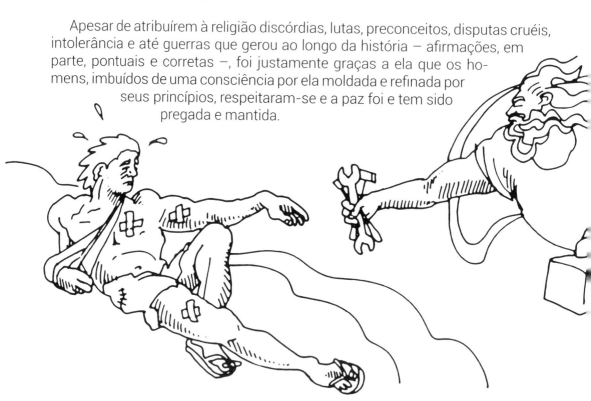

No cristianismo, foi assim quando, desde o seu líder máximo, Jesus de Nazaré e quase a totalidade dos seus discípulos ou embaixadores primeiros e mais próximos acabaram perseguidos, torturados e enfim mortos, com exceção de um (João, apesar de não ter escapado de lhe ter sido imposto tratamento cruel), sem que a retaliação, o revide, a vingança e aqueles instintos presentes nos animais fossem praticados ou apregoados como válidos, por eles e seus seguidores.

Num lado oposto, foram as ideologias, curiosamente, que pregaram a igualdade entre os homens e negaram a religião (e a perseguiram), que mataram, segundo estimativas, mais de 100 milhões de seres humanos numa barbárie sem precedentes, apenas no século 20. Ao olharmos a história,

SE O CRISTIANISMO SE PERMITIU À BARBÁRIE, TAMBÉM FOI JUSTAMENTE NAS ÉPOCAS EM QUE AS ESCRITURAS, QUE O FUNDAMENTAM, FICARAM ESQUECIDAS OU CONFINADAS

a um pequeno grupo que delas se serviu como bem quis, interpretando-as conforme sua conveniência. Por séculos, a mensagem de Cristo foi ultrajada pela corrupção moral, natural e instintiva do homem (aliás, denunciada por ela mesma, que atribui à raça como sua marca) contra a qual este tem de educar-se e esforçar-se para controlar ou vencer.

A Reforma, como um movimento religioso ou espiritual na sua gênese, sem dúvida alguma, inspira-nos a pensar que o Eterno, vez ou outra, intervém para restabelecer

"Não deixe de falar as palavras deste Livro da Lei e de meditar nelas de dia e de noite, para que você cumpra fielmente tudo o que nele está escrito. Só então os seus caminhos prosperarão e você será bem-sucedido."
Js 1.8

alguns alicerces aos seus lugares, trazendo outro período de esperança à humanidade, tornando novamente fresca a sua mensagem contra as inclinações naturais da criação. Ele não só mexe profundamente com mentes e corações como alcança e modifica o modo como ela vive.

É sobre isso que se trata este pequeno trabalho. E sobre como a fé pode ser renovada, mesmo que, para isso, nos traga abalos e consequente e tremendo desconforto, para que, enfim, algo de novo e bom venha se estabelecer.

Parte 02

O ESTOPIM ACESO
O pano de fundo, no Período Pré-Reforma

Muito já se disse sobre a trajetória da Igreja Cristã, que, de um grupo de amigos, uma fraternidade de iguais, que perseverava com senso de unidade sobre os desafios de uma vida tornada comum, pelo ensino dos apóstolos, que insistiam na distribuição solidária dos recursos que tinham, caindo na graça de todo o povo, como pouco a pouco, no seu crescimento e organização, tornou-se uma estrutura opressora, uma instituição que regulava soberana sobre a vida de fé e prática de todos.

A história mostra como, na construção de uma estrutura de poder que ultrapassava a fronteira do transcendente, gradativamente se tornou perversa. À medida que se tornava estado,

A IGREJA FOI-SE CONVERTENDO NUM FIM EM SI MESMA,

o que pode-se perceber na máxima cunhada por Cipriano de Cartago: "Não há salvação fora da Igreja". A esperança do indivíduo quanto à sua salvação estava em ser parte da comunidade da fé, governada e inteiramente submissa às ordenações e tutela de uma casta, uma elite, especial e profissionalizada, de clérigos, à qual toda a revelação sobre Deus e sua vontade estava confiada. Ao fiel cabia apenas obedecer em submissão e devoção plena. A salvação pessoal estava assim institucionalizada.

Dessa forma, foi no final do período medieval, por volta dos finais do século 15, não sem disputas territoriais pelo mundo de então, nas cruzadas, nas lutas contra bárbaros ou contra os islâmicos vindos do Oriente a partir do século 6, em guerras internas pelo poder dentro do que se conhecia por Igreja, juntando-se a isso abusos, corrupção e degradação moral desde o seu comando, que sua posição na sociedade ocidental permitia supor que possuía uma estrutura sólida e permanente, num mundo estável e moldado à sua pregação. Foi aí que novas forças sociais e intelectuais começaram a desestabilizar as suas fundações e a oferecerem alternativas, pressionando por reformas. No final do século XIII,

A CORRUPÇÃO E A DEGRADAÇÃO MORAL DO ALTO CLERO,

com o reinado do papa Alexandre VI (o perverso Rodrigo Bórgia, que muitos pesquisadores consideram o pior papa da história) atingiram níveis que

PROVOCAVAM CRÍTICAS CADA VEZ MAIS FORTES,

vindas de todos os lados – dos leigos aos clérigos. Até Nicolau Maquiavel, o grande teórico do poder absolutista, não poupou em atribuir a imoralidade da sua época aos padrões de vida vindos de cima, do chefe máximo da Igreja.

> "Ai de vocês, mestres da lei e fariseus, hipócritas! Vocês dão o dízimo da hortelã, do endro e do cominho, mas têm negligenciado os preceitos mais importantes da lei: a justiça, a misericórdia e a fidelidade."
> Mt 23.23

O poder do papado, em crise, não evitou grandes celeumas e confrontos com reis e,

SOMADO A DIVISÕES INTERNAS NA ESTRUTURA DA IGREJA, ENTRE OS RELIGIOSOS, FEZ SURGIR O CLIMA IDEAL PARA A REFORMA.

De 1378 a 1417, apareceram até três papas que se rivalizaram em lugares diferentes. Um movimento na busca por solução tentou democratizar a Igreja e governá-la por meio de concílios, porém não obteve êxito algum. Na França, forças dissidentes trouxeram forte oposição ao poder central, e a Inquisição acaba oficializada em 1233, com seus métodos nada pacíficos ou de conciliação. Era a imposição do poder pela força e promoção da caça às bruxas ou aos inimigos.

A Europa vivia o terror: convulsão política, social e religiosa. Já no final da Idade Média, eclodiram revoltas no campesinato, guerras, surgiram doenças e pragas, houve o declínio do feudalismo aliado a um desencanto inspirado pela má liderança da Igreja, o que exigia mudanças. A população, que cada vez mais se opunha ao clero pelos seus abusos, pelas suas próprias condições de vida, pelas desigualdades sociais e econômicas, era oprimida por uma espécie de **RELIGIOSIDADE CONTÁBIL***, que considerava os pecados como débitos e as boas obras como créditos, e, assim, tinha no comércio – caro – das "indulgências" o perdão de pecados.

Na parte baixa da sociedade e longe dos centros, os clérigos eram despreparados, não poucos eram analfabetos que decoravam partes da liturgia e nenhuma capacidade tinham para atender às demandas pastorais do povo, aumentavam as notícias de escândalos de todo tipo – dos sexuais à fome de poder e dinheiro vindos dos mosteiros e paróquias. Com um número maior de leigos alfabetizados no final do século 15, aumentavam também os críticos do clero e da Igreja. Parte dessa hostilidade dava-se não só pelo nível dos governantes "legitimados" pelo papado como também pela incompetência dos sacerdotes, pelas mordomias e privilégios a que tinham direito,

> "Pois vocês são salvos pela graça, por meio da fé, e isto não vem de vocês, é dom de Deus; não por obras, para que ninguém se glorie."
> Ef 2.8,9

> VAMOS FAZER ASSIM: UM PECADO DE HOMICÍDIO PELO PREÇO DE DOIS DE ADULTÉRIO. VAI LEVAR?

que incluíam no pacote a isenção de impostos, de um lado, e a imposição de taxas, de outro, oriundas de um lucrativo comércio praticado pela Igreja, e isso tudo num cenário de escassez e fome entre o povo.

*Batatinha quando nasce esparrama pelo chão...

Vários movimentos surgiram no período e romperam com a Igreja, trazendo mais conflitos e o consequente recrudescimento do arbítrio.

A ESPIRITUALIDADE DO SÉCULO 15, ÀS PORTAS DA REFORMA, ESTAVA MAIS FIRMEMENTE ENRAIZADA DO QUE NUNCA NA VIDA DAS PESSOAS COMUNS.

> VAMOS AJUDAR VOCÊ A TIRAR ESSAS IDEIAS DA CABEÇA!

A vida de contemplação em mosteiros e a adoração da era medieval — as peregrinações, a fome por relíquias, a construção de igrejas e a literatura mística — já provavam existir uma fome crescente pela religião ou, melhor, por uma experiência mais popular, mais próxima do dia a dia das pessoas, trazendo para elas o sagrado, que, misturado às crenças populares, estava sendo ligado ao material, em todas as esferas da vida. Os mais fiéis buscavam não a superficialidade de apenas ir às missas ou de obedecer aos sacerdotes; buscavam uma forma de cristianismo que fosse relevante à sua vida, à experiência pessoal e seu mundo privado. Em se tratando de vida cristã, surgia em todo o canto do Ocidente a busca por uma espiritualidade autônoma, em que pudessem pensar por si mesmos e não serem tutelados por uma classe especial — e desgastada — como **A DO CLERO***. Isso acontecia em quase todo o canto do continente. Na França, Pedro Valdo, surgido em 1170 e cujo movimento reformista valdense chega por florescer na Itália mesmo debaixo de todo o poderio da hegemonia católica, é um exemplo. Na Alemanha, em meados de 1300, surge Johannes Tauler, dominicano, cujos sermões inspiraram Lutero bem mais tarde, e, na Espanha, em 1495, surge um movimento em Toledo, mas sem que esses últimos significassem desligamentos da Igreja.

> "Pois desejo misericórdia, e não sacrifícios; conhecimento de Deus em vez de holocaustos." (...) "Se vocês soubessem o que significam estas palavras: 'Desejo misericórdia, não sacrifícios', não teriam condenado inocentes."
> Os 6.6 e Mt 12.7

18

Os séculos 14 e 15 viram nascer alguns movimentos de protestos contra a Igreja Medieval e alguns líderes conhecidos como "pré-reformadores", tais como João Wycliffe, professor da Universidade de Oxford, na Inglaterra (1325-1384), João Huss, acadêmico e pensador, nascido em 1372, na Boêmia (atual República Checa), e seguidor de Wycliffe (vide destaques sobre eles, adiante!). Este último,

HUSS, ACABOU CONDENADO E QUEIMADO VIVO ENQUANTO CANTAVA UM HINO CONHECIDO: "JESUS, FILHO DE DAVI, TEM MISERICÓRDIA DE MIM",

em 1415. Girolamo, ou Jerônimo, Savonarola, padre e pregador dominicano de Florença, Itália (1452-1498), também foi outro pré-reformador. Em comum, todos esses foram conhecidos por pregarem contra as imoralidades do clero, condenar superstições, peregrinações, veneração de santos, o celibato e a sede de poder temporal dos papas.

> "De onde vêm as guerras e contendas que há entre vocês? Não vêm das paixões que guerreiam dentro de vocês?"
> Tg 4.1

No início do século 16, surge uma das mais importantes obras do período, o *Handbook of the Christian Soldier* (Manual do Soldado Cristão), de Erasmo de Roterdã, publicado em 1503, que influenciou positivamente pensadores e a elite da época. Ele defendia ardentemente que o futuro da Igreja estaria no surgimento de uma laicidade bem instruída pelas Escrituras bíblicas, de modo que, com essa força, a Igreja devia valer-se e teria a ganhar.

Mas as bases para uma revolução no seio da cristandade não estariam ainda estabelecidas sem um avanço sem precedentes na tecnologia: a imprensa de Gutenberg (surgida em meados do século 15). De uma só vez, a imprensa tirara não só o monopólio ou a hegemonia ainda bastante fincada da Igreja, como produtora e distribuidora de ideias, como também democratizou-a, lançando as bases materiais de uma economia baseada no conhecimento e na disseminação da aprendizagem de massa. Somente após essa revolução, baseada na decomposição e na ordenação de textos reutilizáveis, caracter por caracter através de tipos móveis, é que as oficinas de copistas – onde tudo era feito à mão, em textos manuscritos a partir de um leitor – desapareceram. Oficinas de impressão surgiram por toda a Europa e, então, delas se beneficiaram o Renascimento (e o seu humanismo), a Reforma e, posteriormente, a Revolução Científica. No século seguinte ao surgimento da imprensa, Lutero, o reformador, usou-a exaustivamente para divulgar suas ideias (e até a Bíblia na língua corrente, traduzida por ele mesmo).

SEM A IMPRENSA, IMAGINAMOS, TERIA SIDO IMPOSSÍVEL A REFORMA PROTESTANTE.

É importante frisar que até mesmo o humanismo renascentista veio colaborar com a causa da Reforma, mesmo sendo o termo "humanismo" ainda hoje sinônimo de secularismo, de ateísmo ou de uma filosofia que exclua a crença no divino. Na sua época, o Renascimento buscava a renovação da cultura pelo envolvimento criativo com o legado do passado, a eloquência e excelência culturais enraizadas na ideia de que os melhores modelos estavam lá, na fonte, ou seja, no caso ocidental, na herança das antigas Grécia e Roma. Assim, o humanismo seria, segundo autores de hoje, uma visão de mundo que fundamentava o Renascimento. O seu método básico estava contido na expressão latina *ad fontes*, ou "de volta às origens", numa tradução livre. Na arquitetura ou na literatura, o estilo clássico venceu o gótico, e o reavivamento do latim de Cícero ocupou o lugar tosco da linguagem da academia. Em voga desde os escritores escolásticos, a filosofia grega passou a ser estudada com paixão nas universidades...

Se Erasmo e outros cristãos sérios — e frutos do seu tempo — eram comprometidos com a renovação ou revitalização da Igreja, tão desacreditada e "corrompida", certamente foram impactados com essa mesma ideia, e, no caso da Igreja Cristã, não havia outra fonte mais limpa que a Bíblia, as Escrituras Sagradas. Em especial neste caso, o Novo Testamento — nos manuscritos originais — o ensino dos primeiros apóstolos, tudo sem a tutela de uma interpretação "chapa branca", oficial, tecida por anos e anos da teologia escolástica, numa iniciativa tão tentadora quanto perigosa.

COM A BÍBLIA ESCONDIDA OU SEQUESTRADA DA POSSIBILIDADE DO LIVRE EXAME DOS FIÉIS, A ELITE RELIGIOSA ESTAVA PROTEGIDA NOS SEUS DESVIOS DO FUNDAMENTO SOB O QUAL A CRISTANDADE DEVIA SE PAUTAR.

Seguindo essa ideia, o Renascimento também propiciou uma nova concepção de humanidade aquela em que o homem é uma criatura autônoma. Aquele ser capaz de determinar a sua própria identidade, de buscar a sua própria perfeição, ideia que influenciou grandemente a afirmação iluminista da autonomia do homem no século 18. Não faltam, é bom que se diga, nas Escrituras cristãs, apelos e recomendações para que todo fiel a examine e a estude individualmente sob a direção de Deus ou do Espírito Santo, dos quais dependem a sua compreensão.

> "Mas, quando o Espírito da verdade vier, ele os guiará a toda a verdade. Não falará de si mesmo; falará apenas o que ouvir, e anunciará a vocês o que está por vir."
> Jo 16.13

Num curto prazo, aparece a compreensão de que o homem podia afinal mudar o mundo social e físico, por ordem de Deus, como um ser agente de transformação. Essa demanda por mudança social começou nas cidades por volta dos anos 1500, com o surgimento de uma classe comercial. Os conselhos começam a tomar os antigos governos, especialmente em Zurique, e, mesmo assim, com essa nova aspiração dos leigos em envolverem-se em assuntos do mundo, dos negócios ou de ação social, a Igreja permanecia lenta em reagir ou, no mínimo, adaptar-se às novas aspirações e avanços sociais e econômicos da sociedade. Ato contínuo, a Reforma conseguiu capitanear essa aspiração no âmbito da ética, por volta de 1530, com a motivação religiosa que faltava para os leigos engajarem-se em tudo quanto antes lhes era proibido: na política, nas finanças, nos negócios e noutras esferas profissionais. É possível imaginar que houve uma confluência, uma sinergia entre o movimento que havia de vir e o momento que fazia efervescer o mundo. Como se Deus usasse todas as circunstâncias possíveis para a sua ação – ou intervenção – na história.

ESTAVA AÍ PRONTO O CENÁRIO PARA O QUE O MUNDO VERIA A SEGUIR...

> "E conhecerão a verdade, e a verdade os libertará."
> Jo 8.32

Parte 03

A REVOLUÇÃO
A Reforma da Igreja (a comunidade de iguais)

Nascido na Alemanha, na cidade de Eisleben, a 10 de novembro de 1483, Martinho Lutero foi preparado para ser alguém bem-sucedido, de uma família de prósperos negociantes. Estudou numa das melhores universidades do país, a de Erfurt, e preparava-se para seguir a carreira do Direito, quando, em apenas seis semanas, algo extraordinário mudou o curso da sua vida.

Conforme ele próprio relatou, em junho de 1505, voltando de uma viagem, Lutero foi atingido por um raio que o derrubou da sua montaria e, temendo a morte, clamou aos céus por socorro com uma promessa: se sobrevivesse, seguiria a carreira religiosa.

Quase um mês depois, cumprindo a promessa, entra para o rigoroso monastério de Erfurt – um prestigiado convento agostiniano. Mesmo contra a vontade do seu pai, Lutero torna-se um dos mais brilhantes monges do lugar, distinguindo-se pela excelência intelectual e devoção pessoal, reconhecidas por muitos dos grandes teólogos da época com quem aprendeu. Na sua época, o pensamento teológico corrente garantia que a salvação estava na resposta graciosa divina a uma iniciativa moral do homem, expresso no termo latino *facientibus quod in se est Deus non denegat gratiam*, transliterado como:

"DEUS NÃO NEGARÁ GRAÇA ÀQUELES QUE FAZEM SEU MELHOR". ERA A RELAÇÃO CAUSA-EFEITO, QUE PERDURARÁ POR SÉCULOS E CONTRA A QUAL LUTERO IRIA LUTAR VIGOROSAMENTE MAIS TARDE.

Lutero, em 1512, já doutor em teologia, mesmo bem-sucedido na vida como era a aspiração de alguém do seu tempo, também era um homem afligido por falta de paz. Temia e era afligido pela ideia da morte, e, mais ainda, a morte eterna. Isso fica claro na sua busca por Deus, explicitada nos seus muitos escritos e testemunho de amigos a quem confidenciara a crise interior. Era um homem profundamente tocado pela espiritualidade.

"Porque no evangelho é revelada a justiça de Deus, uma justiça que do princípio ao fim é pela fé, como está escrito: 'O justo viverá pela fé'."
Rm 1.17

Nesse ano, passa a dedicar-se mais ao ensino na recém-fundada Universidade de Wittenberg, uma instituição que, mesmo sem muito prestígio, logo atrairia gente não só de toda a Alemanha como de outros lugares, graças ao movimento que eclodira no seu interior. Naquele lugar, Lutero lecionou Teologia Moral e classes bíblicas, elaborando sua definição sobre a justiça divina, que tanto mudou o seu próprio interior como tornou-se a plataforma de renovação e Reforma da Igreja. Com ela, dividiu o mundo cristão como nunca antes.

Como monge agostiniano, por volta de 1516, viu no célebre pai da Igreja — Agostinho de Hipona (354-430) — a fonte dos principais eixos do seu pensamento teológico, ao pensar que, afinal, as bases do pensamento da Igreja não estariam nem na tradição escolástica nem na filosofia de Aristóteles, mas na Bíblia, como interpretada por Agostinho. Apesar da pretensa importância teológica da Bíblia, declarada pela cristandade, Lutero tomou-a como ponto de partida dos seus arrazoados, enfatizada no seu olhar criterioso e ávido por encontrar respostas, tanto para as suas questões mais íntimas como para aquelas que diziam respeito à salvação de todo homem. Quanto mais a estudava ou nela se aprofundava, mais via desconexões entre os fundamentos e a prática da Igreja.

LUTERO TEM ENTÃO OS SEUS OLHOS ABERTOS PARA A QUESTÃO DA JUSTIÇA DE DEUS, NAS AFIRMAÇÕES DE PAULO, O APÓSTOLO, E NAS DE AGOSTINHO, EM QUE DEUS MESMO PROVÊ PARA O HOMEM – POR GRAÇA, E NÃO PELO RECONHECIMENTO DE ATOS HUMANOS – A JUSTIÇA NECESSÁRIA PARA A SATISFAÇÃO DOS PADRÕES DIVINOS NECESSÁRIOS À SALVAÇÃO DA RAÇA.

Essa noção do favor divino como um dom, um presente, uma oferta gratuita e ime-recida, por mera graça, permeia todo o pensamento do monge, e isso cai-lhe como uma bomba. Mais radical ainda, Lutero insiste que o crente é ao mesmo tempo uma pessoa justa e pecadora. Agostinho, fonte de quem Lutero bebera, põe a sua ênfase no amor incondicional de Deus, na justificação, e o reformador sugere que ela é exterior ao homem, sendo concedida à humanidade.

> "Tendo sido, pois, justificados pela fé, temos paz com Deus, por nosso Senhor Jesus Cristo."
> Rm 5.1

Lutero, na sua ideia sobre a salvação, radicaliza na sua conceituação do relacionamento entre Deus e o homem: a humanidade encontra Deus e relaciona-se com ele, e esse relacionamento a liberta do seu medo da morte, do inferno e da condenação. Esse relacionamento só é possível por meio da morte e da ressurreição de Jesus Cristo, que tomamos posse por meio da fé. Ela é, assim, fundamental.

A FÉ É UMA ATITUDE DE CONFIANÇA EM DEUS E NO QUE ELE FEZ POR INTERMÉDIO DO SACRIFÍCIO DO CRISTO, QUE CAPACITA O CRENTE A RECEBER AS PROMESSAS DE DEUS E DO SEU BENEFÍCIO,

sem o reconhecimento de Deus a qualquer ato ou obra humana, ou a alguma virtude humana que a merecesse. Só graça, só por Jesus e essa apropriação, vinda pela fé, alicerçada nos méritos do Cristo de Deus, o Cordeiro de Deus que aplacou a sua exigência por justiça.

> "Sabemos que ninguém é justificado pela prática da Lei, mas mediante a fé em Jesus Cristo. Assim, nós também cremos em Cristo Jesus para sermos justificados pela fé em Cristo, e não pela prática da Lei, porque pela prática da Lei ninguém será justificado."
> Gl 2.16

E a radicalidade da proposta não para aí. O reformador responde sobre o papel e onde a Igreja entra nisso tudo: ela já não é a fonte da salvação.

O RELACIONAMENTO COM DEUS É FEITO SEM INTERMEDIÁRIOS, SEM "ATRAVESSADORES" OU "DESPACHANTES".

Isso também inclui a intercessão de Maria, dos santos, do clero ou qualquer outra coisa, acabados num golpe só. Tudo inútil na visão de Lutero. O relacionamento é livre e direto. Apenas pela mediação do Cordeiro de Deus, pelo sacrifício vicário, isto é, substitutivo de todo o sacrifício, de todo o preço que pretensamente um ser humano normal – e pecador – poderia pagar. Não há, segundo ele, papel algum da Igreja e seus sacramentos na dinâmica da salvação. Não há também aí um estado intermediário para a alma do homem num purgatório (conceito que Lutero e a Reforma demoraram em negar, atendo-se, no início, ao comércio relacionado à ideia). Muito menos há nexo o pagamento pelo pecado para que alguém dele se safe e vá direto ao céu. Isso posto, a revolução havia traçado o seu destino. Radical demais. Mudou tudo o que era primordial e fundamental na fé da Igreja e na Igreja; essas eram verdades não criadas pelo reformador, mas encontradas tácita ou claramente nas Escrituras bíblicas, agora elevadas à sua real importância na espiritualidade.

"Pois há um só Deus e um só mediador entre Deus e os homens: o homem Cristo Jesus, o qual se entregou a si mesmo como resgate por todos. Esse foi o testemunho dado em seu próprio tempo."
1Tm 2.5,6

Apesar do radicalismo das suas ideias e pressupostos teológicos, Lutero não exclu[i] de todo o papel da Igreja, agora relegado ao estado de comunidade da fé, subordinada a um encontro direto entre o ser humano individual e Deus. Em Lutero, a doutrina da justificação punha por terra a visão do mundo medieval e a substituía por uma forma de pensar que jogava todos os holofotes no relacionamento do indivíduo com o seu Criador, o centro de todas as coisas. O próprio Renascimento se ocupou de carregar as tintas na importância da existência humana individual, não mais como um mero detalhe, como parte de um todo – membro de uma grande família, uma nação, ou igreja –, e, nisso, Lutero foi celebrado por uma massa de pensadores ocidentais que ansiavam por mudanças, renovação e reforma.

COM O PASSAR DO TEMPO, A REVOLUÇÃO COMEÇADA POR LUTERO, A PARTIR DE UMA NOVA FORMA DE PENSAR, GANHARIA TERRENO NA ESFERA DA VIDA COTIDIANA E MUDARIA A SOCIEDADE.

"Vocês, porém, são geração eleita, sacerdócio real, nação santa, povo exclusivo de Deus, para anunciar as grandezas daquele que os chamou das trevas para a sua maravilhosa luz."
1Pe 2.9

Parte 04

A QUESTÃO DAS INDULGÊNCIAS
O levante contra a intermediação e venda da graça

Foi precisamente em 31 de outubro de 1517, data tradicionalmente celebrada como o Dia da Reforma, que Martinho Lutero, o professor-doutor em teologia, fixa um cartaz na porta da catedral do castelo da cidade. Apresentava propostas para um debate com ideias pontuadas em 95 teses, algo comum no ambiente da universidade, que teriam passado despercebidas junto a tantos avisos acadêmicos e de outra natureza como era comum, caso o autor daquele texto não continuasse com o seu discurso tão radical e que mexesse com algo tão sensível quanto a fé.

No cerne deste debate, estava a visita de Johann Tetzel (1465-1519), frade alemão dominicano, à cidade para vender indulgências, o perdão de pecados ou o passaporte do purgatório para o céu, um lugar intermediário entre este e o inferno. A ideia estava baseada numa complexa teologia cunhada no século 6, que incluía um pretenso depósito de mérito, construído por meio dos atos exemplares de Jesus e dos santos da Igreja, no qual os cristãos piedosos podiam levantar quando dele precisassem. Assim, os compradores do acesso a esse depósito garantiam a expiação, o cancelamento ou o perdão dos pecados remanescentes, colocando-se na presença de Deus imediatamente, e que, somado às orações pelos mortos, os livraria dos horrores do lugar que o ideário dos crentes pintava. Não faltavam até aqueles que compravam seu crédito para pecados que cometeriam futuramente. Graças a esse conceito, prosperaram pelo continente irmandades que recebiam grandes quantias para garantir as novenas de intercessão pelo livramento dos mortos.

Mas foi contra a ideia do comércio, que Tetzel representava tão fielmente, ao ponto de cunhar o *slogan* comercial: "Tão logo uma moeda na caixa cai, a alma do purgatório sai", que Lutero publicou seu protesto (citando-o literalmente numa das suas 95 teses, a de número 27). Segundo fartos textos sobre a tal visita, Tetzel havia vindo à cidade para financiar campanhas militares e a construção de catedrais.

Lutero ficou furioso. Firmado na sua doutrina da justificação pela fé, defendia que tal comércio era uma afronta à graça de Deus, que convertia o evangelho cristão numa espécie de negociata ou barganha feita com o Eterno. A visão do comércio com a fé era-lhe tão adjeta quanto o menosprezo da obra vicária de Jesus e a graça de Deus.

> "Ao contrário dos outros sumos sacerdotes, ele [Jesus] não tem necessidade de oferecer sacrifícios dia após dia, primeiro por seus próprios pecados e, depois, pelos pecados do povo. E ele o fez uma vez por todas quando a si mesmo se ofereceu."
> Hb 7.27

Ocupado demais com questões políticas na esfera do seu pontificado e seus interesses pessoais, o papa Leão X dera pouco crédito à agitação promovida pelo monge alemão, ainda que seu levante trouxesse prejuízos financeiros à Igreja. Foi só em 28 de junho de 1520 que, enfim, emite uma bula papal considerando Lutero um herege. O alemão acabou por queimá-la em público, rejeitando a um só tempo, tanto a condenação como o poder de um pretenso chefe supremo da cristandade. Como pena, foi excomungado pelo pontífice.

Em 1521, pressionado pelos príncipes alemães que desejavam serenar os ânimos, o imperador da Alemanha convoca Lutero para uma reunião (chamada de "Dieta de Worms"), em que poderia se defender das acusações de heresia. Questionado se estava pronto a se retratar do que afirmara nos seus livros — expostos na reunião —, fez sua famosa declaração:

"A MENOS QUE EU SEJA CONVENCIDO PELAS ESCRITURAS OU PELA RAZÃO PURA, JÁ QUE NÃO ACEITO A AUTORIDADE DO PAPA E DOS CONCÍLIOS, POIS ELES SE CONTRADIZEM MUTUAMENTE, MINHA CONSCIÊNCIA É CATIVA DA PALAVRA DE DEUS."

Como tinha um salvo-conduto dado pelo monarca, retirou-se protegido pelos seus apoiadores, embora tenha recebido a condenação de proscrito e que fosse morto por qualquer pessoa, sem que isso fosse configurado como crime. Protegido em Wartburg, traduziu o Novo Testamento a partir do grego para o alemão corrente. Ao retornar do exílio, prosseguiu Lutero com sua reforma, tendo produzido tratados, comentários bíblicos e hinos (cerca de 36, dos quais o mais conhecido é **"CASTELO FORTE"**, de 1529, baseado no Salmo 46).

1 Castelo forte é nosso Deus,
Espada e bom escudo!
Com seu poder defende os seus
Em todo transe agudo.
Com fúria pertinaz
Persegue satanás
Com ânimo cruel!
Mui forte é o Deus fiel,
Igual não há na terra.

2 A força do homem nada faz,
Sozinho está perdido!
Mas nosso Deus socorro traz
Em seu filho escolhido.
Sabeis quem é? Jesus,
O que venceu na cruz,
Senhor dos altos céus,
E sendo o próprio Deus,
Triunfa na batalha.

3 Se nos quisessem devorar
Demônios não contados,
Não nos iriam derrotar
Nem ver-nos assustados.
O príncipe do mal,
Com seu plano infernal,
Já condenado está!
Vencido cairá
Por uma só palavra.

4 De Deus o verbo ficará,
Sabemos com certeza,
E nada nos assustará
Com Cristo por defesa!
Se temos de perder
Família, bens, prazer!
Se tudo se acabar
E a morte enfim chegar,
Com ele reinaremos!

Letra: Martinho Lutero
Título Original: Ein' feste Burg
Tradução: Jacob Eduardo Von Hafe, 1886, através da versão espanhola de Juan Bautista Cabrera, 1837–1916
Música: Martinho Lutero no "Gesangbuch", Wittenberg, 1529
In Hinário Presbiteriano – Editora Cultura Cristã – São Paulo-SP

Parte 05

COMUNICAÇÃO VIRAL
Ao juntar o *humor* e a *imprensa*, Lutero tocou mentes e corações

Nos primórdios do movimento, ainda restrito a discussões acadêmicas, Lutero, percebendo que sem atingir as pessoas comuns não chegaria a impactar a grande estrutura da Igreja, ainda mais usando uma língua antiga, decidiu utilizar-se do alemão comum e de um recurso que Erasmo mesmo se valera, publicando suas ideias incendiárias na imprensa. Em 1520 e quase sem intervalos entre uma e outra, lança três obras de grande aceitação. Talvez a mais importante delas tenha sido a sua *The Appeal to the Nobility of the German Nation* (Apelo à nobreza da nação alemã), que dirige especificamente suas baterias aos nobres do país (há muito descontentes com Roma), incentivando-os a participarem – e a legitimidade de o fazerem – da Reforma da Igreja.

Mas não parou aí. Valendo-se de um humor cáustico, digno de fazer corar qualquer religioso dos nossos dias, e do poder da tecnologia criada por seu contemporâneo Gutenberg, Martinho Lutero produziu, imprimiu e distribuiu seus panfletos que acabaram por ser reproduzidos e espalhados – sem custo algum para o reformador. Seus panfletos, músicas satíricas e de paródia (colocando novas letras em canções populares cantadas pelo povo), cartuns em xilogravuras feitas por um ilustrador e artista do tribunal em Wittenberg – amigo pessoal próximo de Lutero –, Lucas Cranach, tiveram imensa circulação nas redes sociais da época (leia-se: tabernas e feiras livres), seja pela transmissão oral, seja pela força das imagens impressas, mobilizando o apoio popular à Reforma.

A ilustração mostra o desprezo que Lutero sentiu por uma instituição que ele viu como completamente corrupta e como seus cartuns eram mais agressivos e diretos, mais do que outros que usaram esse tipo de arte. *Luther's Wider das Papsttum zu Rom, vom Teufel gestiftet* (Contra o papado fundado pelo Diabo) foi impresso em 1545, um ano antes da morte do reformador. A página retrata o papa com ouvidos de burro sentado em uma fogueira na boca do inferno, representada por um enorme monstro. O papa, com as mãos juntas em oração, está rodeado por demônios que voam ao redor dele e mantêm a tiara papal sobre a sua cabeça.

Mesmo em latim, com a linguagem da academia e dos teólogos, suas teses trouxeram agitação. Em dezembro de 1517, suas propostas impressas apareceram simultaneamente por todo o país, já na língua do povo. Em alemão corrente, e com ilustrações, cartuns e bem explicadas por um didatismo acessível a qualquer um, elas podiam ser lidas por um público mais amplo. Foi um feito para a época em que nem de longe se sonhava com as redes sociais proporcionadas hoje em dia pela Internet. O reformador alemão, entretanto, talvez se referindo ao poder da imprensa, chegara a afirmar que "vencera o diabo apenas com tinta". Um amigo de Lutero, de nome Friedrich Myconius, escreveu mais tarde que "mal se passaram 14 dias, as suas propostas já eram conhecidas em toda a Alemanha e, em quatro semanas, quase toda a Europa estava familiarizada com elas"[1].

[1] The Economist magazine. Social media in the 16th Century. Edição impressa. 17 de dezembro de 2011.

Parte 06

AS TESES DE LUTERO
A lenha e a fogueira que incendiaram o mundo

Como em muitas descrições bíblicas em que a "intervenção divina", na forma de milagres ou de sinais e fenômenos inexplicáveis, nunca vinha sem uma conjugação de fatores e ambientes que a preparavam ou confirmavam, a Reforma contou com vários desses incidentes que propiciaram seu surgimento e alcance e agiram como catalizadores que arregimentaram pessoas e congregações que ansiavam por mudanças na Igreja por todo o continente. A maior façanha de Lutero foi transformar anseios e ideias em realidade. E as principais delas neste primeiro momento da Reforma foram:

- **A PRIMAZIA DA BÍBLIA COMO ÚNICO FUNDAMENTO DE FÉ E PRÁTICA CRISTÃ – E NA LÍNGUA CORRENTE.**

A Bíblia é a Palavra de Deus e a fonte do pensamento, da crença e da vida da Igreja. Grande parte do esforço do reformador – e dos que o seguiram após ele – foi direcionado na tradução, publicação e distribuição das Escrituras para o povo na sua língua, sem o monopólio dos clérigos e acadêmicos em assuntos de fé. Como ficou clara a necessidade do povo ainda com baixos índices de literacia de entender a Bíblia, o movimento e Lutero, especialmente, se dedicaram a produzir catecismos, folhetos devocionais e comentários bíblicos para ajudar. Há de se ressaltar também que as homilias, as pregações e serviços nas igrejas deviam valer-se da língua corrente, e não mais do latim, fato esse que somente no Concílio Vaticano II, na década de 1960, foi adotado pela Igreja Católica Romana.

"Toda a Escritura é inspirada por Deus e útil para o ensino, para a repreensão, para a correção e para a instrução na justiça, para que o homem de Deus seja apto e plenamente preparado para toda boa obra."
2Tm 3.16,17

- ## JUSTIFICAÇÃO PELA FÉ, E NÃO POR MÉRITO.

A salvação do homem é um dom, um presente de Deus, por graça – ou favor imerecido –, gratuito e recebido pela fé na obra de Cristo. Essa era e continua um ponto fulcral na teologia reformada. Homem pecador algum pode receber de Deus a salvação pelos seus méritos, nem comprá-la. Sem isso, a fé cristã é nada, o evangelho fica comprometido e a Igreja perde a sua identidade.

> "Todavia, Deus, que é rico em misericórdia, pelo grande amor com que nos amou, deu-nos vida com Cristo, quando ainda estávamos mortos em transgressões – pela graça vocês são salvos."
> Ef 2.4,5

- ## O FIM DA ESPIRITUALIDADE TUTELADA.

Todo cristão pode ir diretamente a Deus, sem intermediários – sejam eles sacerdotes, sejam santos – relacionando-se com o Eterno somente graças à mediação de Jesus, pela sua obra e sacrifício. Isso é o que na doutrina reformada é chamado de "sacerdócio universal". Ou seja, já não há mais diferença significativa entre o sacerdote e o leigo, classes distintas, a não ser pela função de cada um na comunidade. Por exemplo, mesmo os pastores são iguais em responsabilidade e essência aos demais fiéis, se aplicam ao ensino e ao governo por um reconhecimento da sua maturidade e idoneidade. Cada congregação pode eleger os seus pastores e com eles resolver problemas comuns e gerir a vida comunitária, podendo também destituí-los caso não sejam fiéis ao mandato. Já não há, portanto, uma elite religiosa. E as Escrituras são a constituição a qual todos deverão se submeter.

> "De acordo com o eterno plano que ele realizou em Cristo Jesus, nosso Senhor, por intermédio de quem temos livre acesso a Deus em confiança, pela fé nele."
> Ef 3.11,12

• A CENTRALIDADE DA MENSAGEM CRISTÃ – JESUS CRISTO E SUA OBRA NA SALVAÇÃO DO HOMEM E ELE PRÓPRIO, SUA SOBERANIA E GLÓRIA.

O pensamento (ou teologia) da Reforma foi resumido em cinco princípios fundamentais, os chamados "Cinco Solas" (iniciados todos pela palavra latina *sola* – em português, "*somente*") contra as correntes que os negavam, no Sínodo de Dort (muito tempo após a eclosão do movimento, em 1610). Em comum, vê-se a redescoberta do valor e a essencialidade da obra de Jesus Cristo, ofuscadas pelo desvio ou pelo aparato religioso.

- **SOLA FIDE** – Somente a Fé – afirmando que a salvação dos pecados se dá somente através da fé na obra redentora de Jesus, e não pelas obras do fiel.

- **SOLUS CHRISTUS** – Somente Cristo – como único e suficiente mediador entre Deus e os homens, não havendo nenhum outro meio de se chegar a Deus, por meio da fé.

- **SOLA GRATIA** – Somente a Graça – a salvação não é adquirida por mérito humano, mas recebida como um presente, um dom, da parte de Deus.

- **SOLA SCRIPTURA** – Somente as Escrituras – reafirmar a centralidade da Bíblia como única regra de fé e prática dos cristãos, não reconhecendo outra fonte, seja a cultura, seja a tradição.

- **SOLI DEO GLORIA** – A Glória somente a Deus – explicitando a soberania de Deus como a fonte e manutenção de todo o bem, da vida e da salvação, e digno de receber de toda a criação, toda a honra, o poder e a glória para sempre.

"Não há salvação em nenhum outro, pois, debaixo do céu não há nenhum outro nome dado aos homens pelo qual devamos ser salvos."
At 4.12

Parte 07

OS REFORMADORES

Alguns dos atores e expoentes principais da Reforma Protestante na história

Os alicerces do movimento tiveram seus protagonistas para além de Martinho Lutero, e, com a contribuição deles, a cristandade reformada conquistou terreno e fundamentou seu pensamento e características.

ULRICH ZUÍNGLIO

O reformador suíço que defendeu a supremacia da Escritura Sagrada sobre a autoridade papal e a tradição romana

Outro influenciado pelo humanismo de Erasmo de Roterdã, este padre foi líder da Reforma na Suíça, anterior a Calvino, nascido em 1484, em uma vila de Wildhaus. Conhecia os clássicos e chegou a ser mestre em artes, estudou música, autor de várias obras em latim e alemão. Segundo pesquisas históricas, sabe-se que conhecia profundamente o grego. Afirmou com o seu trabalho a autoridade da Bíblia, a crença de que esta é a autoridade suprema em questões de fé e prática, negando a tradição da Igreja. Como os outros reformadores, combateu as práticas abusivas das doutrinas da Igreja, condenou duramente as indulgências, os jejuns, a veneração dos santos católicos e o celibato dos padres. Ensinava a comunhão dos santos e o sacerdócio de todos os crentes tal como Lutero, estabelecendo a distinção entre Igreja visível e Igreja Católica mística (Igreja invisível), composta por todos os santos (os cristãos normais, segundo o protestantismo e a nomeação bíblica usada pelos apóstolos). Apesar de nada ter dito sobre uma separação entre a Igreja e o Estado, parecia ter convicções democráticas, tanto na comunidade dos fiéis quanto na sociedade.

Zuínglio não obteve sucesso como os reformadores alemães; em todos os cantões suíços, cinco dos mais antigos da federação helvética não apoiaram sua reforma. Após sofrerem sanções políticas e econômicas nos cantões reformados e revoltarem-se, foram duramente atacados. Numa dessas lutas, em Kappel, Zuínglio, que nelas atuava como capelão, foi morto em 1531.

JOÃO CALVINO

Fé bíblica e razão que solidificaram a teologia reformada

Apesar de ter apenas 8 anos de idade quando Lutero publicou as suas 95 teses, **JOÃO CALVINO**, francês da Picardia, nascido em 1509,

FOI UM DOS MAIORES PENSADORES DO MOVIMENTO E FOI QUEM SISTEMATIZOU A REFORMA PROTESTANTE,

influenciando a cristandade nos Países Baixos, na Suíça, Escócia, Inglaterra e Estados Unidos. Inicialmente um humanista, foi dotado por uma excepcional inteligência e por ter pregado vigorosamente em igrejas; chegou a ser reconhecido como um clérigo católico, sem nunca ter sido ordenado como tal.

Calvino viria a estudar na Universidade de Paris, especificamente nos Collèges de la Marche e de Montaigu, onde ensinavam ilustres professores. Com um deles, Noël Beda, desenvolveu a sua arte da argumentação, nas suas aulas de lógica, demonstrada com esplendor nos seus tratados de teologia. Por ali, passaram também Erasmo de Roterdã, Inácio de Loyola, François Rabelais e outros grandes do Renascimento.

No mesmo ano em que Calvino deixou Montaigu, em 1528, chegou ao lugar Inácio de Loyola, aquele que viria a ser o fundador da Companhia de Jesus e um dos maiores estimuladores da Contrarreforma. Ao contrário do movimento a que se opunha, de caráter intelectual e espiritual, Loyola retoma o Tribunal do Santo Ofício, com suas prisões e assassinatos, e o *Index Librorum Prohibitorum*, que instaura a censura de livros e textos considerados heréticos.

Na França, Calvino escreve seu primeiro livro, um comentário à obra *De Clementia*, de Sêneca. Perseguido em Paris, vai para Angoulême e lá produz a sua obra maior. Com apenas 26 anos de idade, conclui a primeira edição da mais profunda e monumental obra de toda a literatura da revolução religiosa reformada, a *Christianae Religionis Institutio*, ou *A Instituição da Religião Cristã*, ou ainda, como ficou conhecida, *As Institutas*.

Perseguido no seu país como um huguenote (como eram chamados os protestantes franceses durante as guerras religiosas na França, na segunda metade do século 16), fugiu para Genebra em 1536, onde se estabeleceu e desenvolveu a maior parte do seu ministério.

Seu trabalho, mais radical que o de Lutero, floresceu quando o movimento luterano parecia circunscrito a apenas alguns territórios alemães, com influência restrita aos catecismos de Martinho Lutero e à produção teológica de Filipe Melâncton, que redigiu a Confissão de Augsburgo (o grande sucessor do reformador alemão após a sua morte).

O reformador influenciou a outros reformadores, servindo como um pastor piedoso e exegeta bíblico excepcional, acadêmico e revolucionário nas suas propostas sociais e de cidadania, exemplarmente implementadas na cidade de Genebra, não só na política e na administração pública como na educação e na assistência aos mais carentes e até abrigo no refugiado de guerras. Em 1559, participou da inauguração da Academia de Genebra, tão importante para a Reforma quanto foram as *Institutas* e a própria vida do reformador francês. Por ali, estudaram homens ilustres, tais como John Knox, o reformador da Escócia.

João Calvino faleceu em Genebra, cidade que serviu a causa do evangelho e da Reforma, em 1564.

JOHN KNOX
O destemido puritano que liderou a Reforma na Escócia

Conhecido como "O Trovão da Escócia", contemporâneo e aluno de Calvino, na Suíça, este reformador era escocês, nascido de uma família pobre entre 1503 e 1515, não se sabe ao certo se em Haddington. Foi padre católico, convertido, por volta de 1540, extraordinariamente à fé reformada, graças ao trabalho de notáveis da nova fé na Escócia, como George Wishart e outros de não menos importância. Pregou na Inglaterra e em Londres, foi um dos capelães e pregador da corte de Eduardo VI. Após a morte do monarca, aos 16 anos, e com a subida ao trono de Maria, a "sanguinária", acabou por refugiar-se na Suíça, indo depois pastorear refugiados ingleses na Alemanha. Quando Elizabeth I assumiu o trono no lugar de Maria, em 1558, Knox enfim retorna não só à Inglaterra como à sua Escócia. Lá começou então a obra da sua vida e ali permaneceu até a morte, que ocorreu em 24 de novembro de 1572.

De pequena estatura e rude nas feições, era notável pelo discernimento, perspicácia, talentos que o diferenciavam nas relações nem sempre pacíficas entre o Estado e a Igreja, entre a política e a religião. Foi preso, perseguido, teve de fugir algumas vezes, mas sem demonstrar fraqueza de caráter. Quando morreu, disseram sobre ele: "Nunca temeu o rosto do homem." Ele próprio se considerava um pregador, e não um teólogo acadêmico, mesmo tendo deixado muitas e importantes obras.

Naquela época tensa de disputas no seu país, John Knox conseguia, com extraordinária capacidade, discernir as situações e agir como um verdadeiro estadista. Enfrentou de perto o temperamento nem sempre fácil de Maria, a rainha dos escoceses, e os esforços que ela empreendia para persegui-lo ou prejudicá-lo. Numa frase emblemática que mostrava a devoção cristã do reformador, Maria disse certa vez sobre os seus embates com ele: "Temo mais as orações de John Knox que todos os exércitos e canhões da Inglaterra!"

Para muitos autores, **KNOX FOI "O FUNDADOR DO PURITANISMO", PELA CLAREZA COM QUE DEFENDIA SEUS PRINCÍPIOS FUNDAMENTAIS, DENTRE ELES A AUTORIDADE SUPREMA DAS ESCRITURAS, COMO A PALAVRA DE DEUS** e a submissão dos fiéis a ela. Uma das suas frases mais famosas foi: "Deus dá-me a Escócia ou eu morro!"

Knox foi o implementador do calvinismo na sua terra e o fundador da Igreja Presbiteriana, a Igreja oficial da Escócia até os nossos dias.

JOHN OWEN
O acadêmico inglês com coração de pastor

Um dos mais notáveis e reputados reformadores, ao lado de Calvino e Jonathan Edwards, considerados os três maiores teólogos reformados da história, era inglês, nascido em Stadhampton, em 1616. Mestre em letras com apenas 19 anos, foi ordenado pastor em 1637, foi capelão de Oliver Cromwell e deão da maior faculdade da Universidade de Oxford, chegando a ser vice-reitor em 1652.

Tinha uma notável vida devocional. Seus escritos e testemunhos vindos da sua época relatam uma vida de dedicação e piedade. Nos livros que escreveu, tinha uma teologia profunda e piedosa e as Escrituras como base inquestionável.

NA SUA VISÃO, O HOMEM PECA PORQUE É PECADOR E SE SANTIFICA PORQUE É SANTO.

Buscamos a santidade para nos tornarmos santos, como uma responsabilidade do cristão por ter sido separado. O pecado não torna o homem pecador, mas peca, porque é **PECADOR***. O homem depravado totalmente só sabe fazer uma coisa na vida: pecar! A responsabilidade da luta contra o pecado, isto é, uma permanente batalha contra o pecado, é dever de todo cristão, que deve entendê-la como ordem divina, a que trata da sua mortificação.

Owen morreu em 1683, em Ealing, Inglaterra.

> "Como está escrito: 'Não há nenhum justo, nem um sequer'."
> Rm 3.10

JONATHAN EDWARDS

Um dos maiores teólogos e pensadores da história da América

Considerado um dos maiores filósofos, educadores e teólogos dos Estados Unidos, calvinista e nascido em East Windsor em 1703, também é um dos maiores nomes da Reforma Protestante mais tardia.

Filho de pai ministro do evangelho, desde os seis anos estudou latim, e, aos treze, já era fluente em grego e hebraico, tendo ingressado na Universidade de Yale, onde chegou a lecionar depois da sua formação em teologia. Foi missionário entre os índios americanos e, no final da sua vida, presidiu o New Jersey College (que mais tarde veio a se tornar a Universidade de Princeton). Exerceu seu ministério pastoral em igrejas presbiteriana e congregacional e, num momento de arrefecimento espiritual e nominalismo religioso sem seu fervor e verdade, Edwards foi protagonista no que ficou conhecido como o Grande Despertamento (1734-35). Suas obras ficaram para a história, bem como sua pregação eloquente, o que reafirmou o caráter de devoção da Reforma. O seu célebre sermão *Pecadores nas mãos de um Deus irado*, pregado na cidade de Enfield, em 1741, até hoje é uma referência. A ênfase maior da sua pregação e seus escritos não estava na ira de Deus, mas sim na sua majestade, glória e graça.

JONATHAN EDWARDS FOI UM IMPORTANTE DEFENSOR DA TEOLOGIA REFORMADA NA AMÉRICA E UM ZELOSO QUANTO AOS LIMITES DA EXPERIÊNCIA RELIGIOSA VERDADEIRA, BÍBLICA, CONTRA OS EXCESSOS DO EMOCIONALISMO

(ainda hoje perigosos, segundo a ótica reformada), capaz de mexer com as emoções, com o que é superficial, mas que não tem poder na transformação do coração humano.

Edwards faleceu em 1757, por complicações resultantes de uma vacina contra varíola.

Parte 08

HERANÇAS DEIXADAS PELA REFORMA,
o céu mudando a terra

CULTURA – *educação livre e universal, não só para ler as Escrituras como para emancipar o indivíduo.*

Como se consegue ser liberto do jugo de enganos e se conhecer a fé cristã com profundidade, se não for pela via da leitura? *Sola Scriptura* era o mote reformado. E essa simples questão põe em foco a grande e imprescindível herança reformada – o incentivo à libertação pelo conhecimento: "E conhecerão a verdade, e a verdade os libertará" (Evangelho de João, 8.32). Evidentemente, a considerar-se o cenário europeu dos dias dos reformadores, passava pela alfabetização, educação e sólida formação intelectual. Não só a emancipação do povo por meio da educação, mas a capacidade de plenamente viver o seu sacerdócio universal, na leitura do Texto Sagrado, como também os comentários e tudo o que o permitisse ser livre e um ministro de Deus bem capacitado. Lutero chegou a afirmar que "acabara com Satanás atirando-lhe tinta", numa clara alusão à escrita. Seja como for, era preciso não só incentivar a produção literária como prover o povo com escolas, um sistema de educação para todos, não só para o clero ou a elite, como nos dias da opressão, e um novo conceito de vocação que valorizava todas as atividades humanas como oportunidades de serviço a Deus e ao próximo.

Os reformadores criaram escolas por toda a parte, como a Academia de Genebra. A seguir, disseminaram por toda a parte o interesse pela educação e multiplicaram suas instituições. Assim, surgiram universidades que até hoje se encontram entre as mais prestigiadas do mundo, tais como Harvard, Yale e Princeton, na América. Até hoje, os países de cultura e história reformadas estão no topo dos países onde mais se lê no planeta (no final do século 18, praticamente não havia analfabetismo na Nova Inglaterra (EUA)), com todas as crianças tendo acesso à escola.

Na ótica reformada protestante, a cultura humana passa a ser vista como relevante, mas de maneira alguma pode ser vista como um valor supremo e inquestionável, como é possível ver logo no início do movimento, com a contestação ao seu caráter pernicioso e negador da dignidade humana, nas relações do indivíduo com o seu semelhante e com o meio onde habita. A cultura pode e deve ser questionada. As guerras, o racismo, a imposição à força das ideias e a violência têm sido a marca cultural em muitos lugares. A fé cristã se encontra então, segundo a proposta reformada, em paradoxo, em conflito com certas expressões culturais, mas busca, sobretudo, a elevação, o aperfeiçoamento e a redenção da cultura humana.

O bispo e educador morávio Jan Amos Comenius (1592-1670) é considerado um dos pais da educação moderna – laica e universal –, cujo trabalho inspirou a fundação da UNESCO, quase 300 anos após sua morte.

POLÍTICA – *a separação estado-religião, movimentos libertadores, poder civil, direitos humanos.*

Uma das grandes contribuições da Reforma Protestante foi a proposição do estado laico, resultante da visão dos reformadores da Alemanha que já não reconheciam o poder temporal da Igreja sobre o Estado. Entretanto, foi na teologia de João Calvino que foram estabelecidos os limites entre as éticas da vida pública e da vida privada. Essa sua visão foi fundamental para o surgimento dos Estados nacionais, especialmente o da França e, posteriormente, para o nascimento do Estado laico. Outro pensamento decorrente da teologia de Calvino aplicada à política foi aquilo que chamamos hoje em dia de "resistência ao governo civil", ou "desobediência civil", que põe em questão os limites da submissão e da resistência às autoridades constituídas por Deus, tema esse aprofundado por Dietrich Bonhoeffer na sua obra *Resistência e submissão – Cartas e anotações escritas na prisão* (1980). Pela visão calvinista, toda autoridade, ainda que estabelecida por Deus, deve ser respeitada desde que esta esteja fiel a Deus e à sua Palavra (leia-se: que privilegia a vida, a justiça, etc.) e submissa às leis. Como é corrente entre pesquisadores, esse ensino de Calvino forneceu a base para o estabelecimento e florescimento das democracias ocidentais, tais como a França, Inglaterra, Escócia, Estados Unidos da América, etc. E ainda esteve na gênese do movimento abolicionista do tráfico de escravos de Wilberforce (Inglaterra,1807) e de Martin Luther King (América, anos 1950-1960) na luta pelos direitos civis dos negros.

Bonhoeffer — Dr. King — Kuyper

Mais recentemente, o neocalvinismo holandês (Abraham Kuyper, um dos seus grandes expoentes, foi primeiro-ministro da Holanda, de 1901 a 1905) tem encorajado reflexões à luz da cosmovisão reformada para as demandas da sociedade contemporânea e para o incentivo ao engajamento de cidadãos para a transformação da sociedade onde vivem.

ECONOMIA – *o trabalho como missão, para além do sustento pessoal, e a busca da frugalidade e de uma vida simples. A responsabilidade com a comunidade e com a manifestação da glória de Deus.*

Muito já se falou da influência do pensamento reformado para o desenvolvimento da economia. Max Weber, um dos pais da sociologia, no seu célebre trabalho *A Ética Protestante e o Espírito Capitalista*, defendeu que a teologia e a ética calvinistas foram fatores preponderantes para o desenvolvimento do capitalismo moderno. Entretanto, na sua ótica, não levou em consideração nem o tempo e as dinâmicas a que estavam sujeitos os primeiros reformadores, especialmente Calvino, nem a ética tão explicitada nos seus tratados, valorizando a disciplina, a frugalidade e a visão depurada teologicamente sobre o trabalho.

SEGUNDO O REFORMADOR, HAVIA NO TRABALHO DO CRISTÃO UM CARÁTER VOCACIONAL, DE MISSÃO DIVINA, QUE IRIA PARA ALÉM DA PROVISÃO DO SEU SUSTENTO PESSOAL.

O cristão seria, para ele, um "operário de Deus". Talvez, seguindo a lógica luterana, considerava todo trabalho, religioso ou não, e profissão como vocação, visando à glória de Deus. Dentro ainda dessa ideia, o cristão estaria enclausurado no mundo, templo do Espírito de Deus, e vocacionado a amar o próximo. Esse amor seria manifestado ou expressado na busca pelo bem comum, no bem-estar da coletividade, e não no cumprimento de seu interesse pessoal, egoísta e mesquinho. A ética calvinista trazia esse desafio, o de buscar o bem supremo de edificar a Cidade de Deus, isto é, o Reino de Deus entre os homens, promovendo a justiça, a equidade e uma sociedade com os valores deste reino. Na ótica protestante, os trabalhadores viam o seu sucesso como resultado da bênção de Deus. Com o senso de mordomia cristã no cuidado de dons dados por Deus, devia o trabalhador abster-se da luxúria e prazeres mundanos; esse modo de vida levou-os, em muitos lugares, à poupança. Para muitos teóricos, a doutrina protestante da soberania de Deus e da predestinação teriam gerado a existência de um individualismo protestante, mas ignorou toda uma assertiva do ideal protestante baseada no mandamento divino de amor ao próximo, uma vez que o próximo não é considerado em si mesmo como gerador desse amor.

Antes, esse sentimento é decorrente do amor de Deus ao pecador e, por isso,

ESSE COMPROMISSO COM O PRÓXIMO VAI CONCRETIZAR-SE POR MEIO DO TRABALHO OBJETIVO EM FAVOR DO OUTRO, SENDO MEDIDO PELA UTILIDADE DESSE TRABALHO PARA O BEM COMUM.

Apesar da sua visão, Weber conclui no seu trabalho que a moralidade prática na teologia puritana (outro grupo protestante nascido na Inglaterra) levou a um sistemático desprezo pela riqueza, ao ardor pelo trabalho, alertando o fiel sobre o perigo da ociosidade. No seu consequente acúmulo de bens, o cristão protestante, atribuindo a Deus as suas riquezas, entendia que, como um mordomo seu, devia administrá-las bem, sem banalizá-las e aumentando-as como dádivas divinas. Daí a pecha que o capitalismo seria um desenvolvimento da teologia protestante, mesmo que o acúmulo de capital tenha existido em todos os tempos e de não se encontrar, numa só linha do legado teológico protestante, na teologia luterana, nas *Institutas* de Calvino ou em comentários posteriores, qualquer defesa do acúmulo de riquezas em detrimento da miséria do próximo. Entretanto, na ótica e teologia protestante, encontram-se veementes apelos sobre o amor ao próximo e sua forma de expressá-lo: o trabalho em prol do bem comum. Não mais o seu esforço de caridade à espera de recompensas divinas, mas a visão de transformação da sociedade com os valores do Reino de Deus.

CIÊNCIA – *a ciência como parte da mordomia cristã – o cuidar do jardim, sem estar debaixo da tutela da Igreja, tendo por base a responsabilidade do cristão de, como servo de Deus, cuidar de tudo que respeite a vida e a dignidade humanas.*

Muito já foi dito sobre um afastamento entre a fé e a ciência, especialmente nos últimos dois séculos. Entretanto grandes nomes da ciência – alguns nomeados como "pais da ciência moderna" – foram cristãos, especialmente, reformados convictos, tais como John Kepler (1571-1630), astrônomo alemão luterano; o filósofo inglês anglicano Francis Bacon (1561-1626); o físico e químico irlandês anglicano Robert Boyle (1627-1691); o físico inglês anglicano Isaac Newton (1642-1727); o físico escocês presbiteriano James C. Maxwell (1831-1879): e outros, cuja fé validava o seu trabalho investigativo. Para eles, de uma maneira geral, tudo nos faz crer que o mundo é obra de um Ser inteligente, onipotente, onisciente e pessoal, como descrito na Bíblia Sagrada.

Lutero e Calvino enfatizavam que a natureza devia ser estudada à luz das Escrituras. Nessa ideia, ambas foram dadas por Deus, e não há contradições entre elas desde que interpretadas corretamente. Sob a Reforma, a verdade não pode nunca ser propriedade de homem algum.

ARTES – *música, pintura e outras expressões ganharam não só no aspecto funcional – de propaganda – como também na contemplação e na manifestação das virtudes de Deus.*

Apesar de terem questionado e sido reticentes quanto à pintura e à escultura por considerarem que estas haviam sido utilizadas inadequadamente pela Igreja da época, favorecendo a idolatria, e por valorizarem a pregação da Palavra, essas expressões foram esquecidas num primeiro momento. Entretanto, influenciados por uma cosmovisão protestante, surgiram grandes pintores e artistas plásticos, como Rembrandt, Dürer, Lucas Cranach, Holbein, Jan Vermeer e outros.

Mais recentemente, pensadores cristãos reformados, como o filósofo e pastor americano Francis Schaeffer (1912-1984), advogaram a importância das artes não somente pelo seu uso pragmático, de propaganda evangelística, como também algo belo a ser usado para a glória de Deus – o senhorio de Cristo deve incluir o interesse pelas artes.

Na música, desde cedo, a contribuição reformada teve aí a sua marca. Restaurou-se o canto congregacional, e alguns deles, como Lutero, foram grandes compositores sacros. No ramo calvinista, a criação de saltérios – hinários metrificados e musicados – foi incentivada. Nomes, como os franceses Louis Bourgeois e Claude Goudimel e os alemães Johann Sebastian Bach e Georg Händel, deixaram legados na história.

Até hoje, a história da música popular, não só a do gospel americano como a do blues, do rock e de muitos dos seus expoentes, tem a herança reformada nas suas origens.

ARQUITETURA – *o templo não mais para as cerimônias rituais, mas agora convertido em espaços de educação, da Palavra de Deus e do seu ensino, com salas em vez de grandes auditórios.*

A noção de templo, na Reforma, ganha outro significado, mais coerente com as Escrituras bíblicas, tendo o homem como templo-habitação de Deus, aquele que "não habita em templos feitos por mãos humanas" (Atos 17.24). Já não é mais o centro de peregrinações e venerações, guarda de relíquias ou corpos de pessoas especiais, nem tampouco é considerado um lugar mais sagrado que outros. Visto que o Eterno habita em pessoas, pelo Espírito Santo, o lugar é agora apenas uma circunstância na ótica do ajuntamento. O altar dá lugar ao púlpito, e este, ligado à centralidade da pregação das Escrituras Sagradas, sem imagens ou outra coisa que estimulasse a idolatria a não ser, nos seus primórdios, nos vitrais como expressões simbólicas da criação e da majestade do Criador.

Esses templos, mesmo os que remanesceram de antes do movimento, mantiveram algumas das suas características, porém com menos ornamentos e mais sobriedade. Também não foram designados como basílica, catedrais, denominações atribuídas pelos papas, ou ainda para a habitação do bispo local e lugar de ordenação de novos padres, com missas privadas e ritos em salas laterais. Pouco a pouco, antigas igrejas da Europa converteram-se num espaço onde a educação ganha destaque, não só pelos auditórios mas também por salas e lugares apropriados para este fim, como seguem-se os salões de culto pelo mundo até hoje.

Em países como os da América Latina, por séculos, as restrições legais às missões protestantes resultaram numa arquitetura eclesiástica pobre, periférica aos centros das cidades, em que somente podiam ser construídas como templos da fé católica, como foi o caso do Brasil.

Parte 09

A REFORMA
PROTESTANTE HOJE

Essa narrativa histórica não é sobre homens. É sobre um livro, sua prevalência contra o homem e, curiosamente, para ele próprio. Na sua observância, no estudo diligente em cumpri-la, as Escrituras apontam para o Criador como princípio e fim; no relacionamento da criatura com o Eterno, o homem se completa. Afinal, o cristianismo não tem ainda relação com o autossacrifício ou a autoindulgência. Nem com a modéstia ou o egoísmo, porque não tem a ver com o ego. Tem a ver com Jesus, o Cristo revelado na história e pelos registros bíblicos. Ele é o modelo e tudo aponta para ele.

Todos os reformadores foram homens e, como tal, erraram. Até cometeram barbaridades, repetindo os atos dos seus oponentes anteriores, contra outros que a eles se opuseram depois. A história se repete porque o homem é e permanecerá carente até que se deixe guiar para além de si, dos seus interesses, e toda a humanidade ganhe numa relação que, imagino (e as Escrituras deixam claro a mim), satisfaça a ordem determinada por Quem a estabeleceu – um mundo justo, fraterno e suficiente para a vida nela toda.

Por isso, na gênese desse movimento está a centralidade das Escrituras, sua única regra de fé e prática e, juntamente com elas, a busca de uma igreja-movimento e o relacionamento com o Criador. Ela consola, corrige, confronta, alerta, justamente porque é escrita e não está à mercê das conveniências, caprichos, egoísmos e devaneios, enfim, às fraquezas do coração humano. Magicamente não é apenas letra, um código frio e morto, pois afirma ela própria, a Palavra é que se cumpre em um modelo: Jesus, o Verbo de Deus. É, portanto, viva.

Assim, em vez de estrutura, propõe-nos uma comunidade onde todos são iguais, onde o maior é o que mais serve. Comunhão e fraternidade, e não opressão e subjugação de uns sobre os outros, os menores, os mais fracos... A construção de relações em que a cessão de direitos, e não a exigência deles, é fator para a promoção da justiça; o mitigar do sofrimento humano é sua marca maior e em que todos estão supridos. Foi o que pregou e exemplificou Jesus. As relações construídas na perspectiva daquilo que já receberam – por graça, e não por mérito – pela obra de Jesus, o Cristo, e não pelo nosso próprio esforço, agora direcionado para andarem todos em conformidade com o que já receberam. Na sua vivência, o padrão para a construção de uma nova sociedade e a sinalização de um reino que será consumado na eternidade.

Embora se reconheça frágil, suscetível a erro – ou, na linguagem bíblica, pecador (corrupto e corruptível, pela sua própria natureza) –, o fiel busca depender e confrontar-se sempre com as Escrituras bíblicas, que se tornam mais do que letra, ou parâmetros religiosos, aparentes, superficiais, mas sim em vida, em prática, na relação com Deus e com o seu semelhante. Essa ideia e dinâmica foram eternizadas no seu mote, cunhado por Gisbertus Voetius (1589-1676), durante o Sínodo de Dort (1618-1619), em latim: *Ecclesia reformata et semper reformanda est (A Igreja reformada está sempre em reforma)*.

Segundo o teólogo e pastor brasileiro de teologia reformada Augustus Nicodemus Lopes (1954), "o que ele queria destacar não é que a Igreja reformada está sempre mudando, mas que o seu alvo é sempre retornar às Escrituras, que tinham sido a base sólida e viva da Reforma Protestante do século XVI".

Não é difícil imaginar que, vivendo hoje os reformadores, teríamos grandes embates, talvez até maiores que os do passado, contra uma cristandade que pouco a pouco (como sempre foi) tem-se deixado desviar novamente. Até que o Eterno venha intervir, como faz sempre aqui e acolá, na vida de outros grandes ou pequenos reformadores, gente sensível às Escrituras e revolucionária, que sempre existirá para pô-las nos eixos!

BIBLIOGRAFIA

- BONHOEFFER, Dietrich. *Resistência e submissão:* Cartas e anotações escritas na prisão. 2ª Edição. Porto Alegre Sinodal, 1980.
- CHAUNU, Pierre. *O tempo das reformas (1250-1550):* A Reforma Protestante. Lugar na História, v. 49-50, Edições 70 1993.
- COURVOISIER, J. *Zwingli, théologien réformé.* Edições Delachaux & Niestlé, Neuchatêl, 1965, 16.
- DUFFY, Eamon. *Santos e pecadores:* História dos papas. São Paulo: Cosac & Naify, 1998.
- KRAYE, Jill, ed. *The Cambridge Companion to Renaissance Humanism.* Cambridge: Cambridge University Press 1996.
- LESSA, Vicente Cruz Themudo. *Calvino 1509-1564:* sua vida e sua obra. São Paulo: Casa Editora Presbiteriana, s.d.
- LLOYD-JONES, David M. *John Knox: O fundador do Puritanismo.* São Paulo: Editora PES – Publicações Evangélicas Selecionadas, 1972.
- _____. *Jonathan Edwards e a crucial importância do avivamento.* São Paulo: Editora PES – Publicações Evangélicas Selecionadas, s.d.
- MARTINA, Giacomo. *História da Igreja:* de Lutero a nossos dias – v. I: O período da reforma. São Paulo: Loyola, 1997
- MCGRATH, Alister. *A Revolução Protestante.* Brasília: Editora Palavra, 2012.
- NAUERT, Charles G. *Humanism and the Culture of Renaissance Europe.* Cambridge: Cambridge University Press 1995.
- SCHAEFFER, Francis. *A arte e a Bíblia.* Viçosa: Editora Ultimato, 2001.
- SILVESTRE, Armando A. *Calvino:* o potencial revolucionário de um pensamento. São Paulo: Vida, 2009.
- _____. *Calvino e a resistência ao Estado.* São Paulo: Mackenzie, 2003.
- The Economist magazine. *Social media in the 16th Century.* Edição impressa. 17 de dezembro de 2011.
- WEISS, Roberto. *The Renaissance Discovery of Classical Antiquity.* Oxford: Blackwell, 1988.

SOBRE O AUTOR

Rubinho (Ruben) Pirola é paulista e também cidadão italiano.

É graduado em Comunicação pela Escola Superior de Propaganda e Marketing (SP), pós graduado em Edição de Livros e Novos Conteúdos Digitais pela Universidade Católica Portuguesa, em Lisboa (Portugal), e mestrando em Ciências da Religião na Universidade Presbiteriana Mackenzie e também membro de seu Núcleo de Estudos do Protestantismo.

É cartunista, lecionou História em Quadrinhos e Design Gráfico na Universidade Federal de Uberlândia (MG) durante 17 anos, onde também foi um dos fundadores da Missão Sal da Terra.

Serviu a movimentos de transformação social e a projetos comunitários no Brasil (Ação da Cidadania contra a Fome, a Miséria e pela Vida), na Europa, onde viveu por quase outros 17 anos, e em países da África.

Escreveu *A Bíblia para curiosos,* a série *Palavras de honra* (*Afinal, o que é saudade?; Afinal, o que é amor?; Afinal, o que é perdão?;* e *Afinal, o que é amizade?*). É também autor dos livros premiados *Café com Deus* e *Guia de sobrevivência do cristão,* pela Editora Geográfica, e *Revolução,* pela Sepa Editora.

Em Lisboa, fundou e dirigiu a Rádio Transmundial de Portugal, à qual ainda serve, bem como a sua parceira brasileira RTM, onde produz o seu programa bissemanal *Café com Deus,* com exibição nos dois países. Vive em São Paulo, onde atua como consultor de marketing e comunicação institucional para várias organizações, fazendo parte de uma comunidade cristã, a Casa da Rocha.

Rubinho é casado, pai de duas filhas e avô de dois netos.

O que seriam o inglês e do francês sem a reforma?!

Provavelmente as línguas neo-latinas (entre elas, o espanhol) predominariam, sem o nazismo que provocou...

O Holocausto talvez não teria existido, mas os judeus também não mais existiriam, pois ou teriam sido convertidos à força pela inquisição.

OS REFORMADORES ERAM GENTE PIEDOSA E DE ORAÇÃO. LUTERO AFIRMOU ORAR DUAS HORAS POR DIA. QUANDO MUITO OCUPADO, TRÊS!

Se a Reforma não tivesse ocorrido, os ideais iluministas de liberdade e igualdade não teriam sobrevivido pela opressão, e o casamento Igreja-Estado absolutista continuaria!...